D1641784

Jörg Schieke

Count down

Ein Reisegedicht

Mitteldeutscher Verlag

für Nicole Kegel

Wir gingen nach wie vor an einen Ort, den wir den Strand nannten, einen verlassenen Erdstreifen am Ausgang des Dorfes, eine Lagune aus porösem Sand, an der rostig und geborsten die ehemalige Fähre gestrandet war, die früher die beiden Ufer miteinander verbunden hatte, und unter deren Rumpf im Schlamm riesige, furchtsame Kröten hausten, die bisweilen ihre Kopfspitze hervorstreckten.

Hervé Guibert, Das Paradies

DOWN

zehn

Lichtmassen, Landmassen, Wasser. Es ist so kalt
bei sechzehn waagerecht
bei dreißig Grad
im Schatten. Ventilatoren
schichten Sommertag auf -nacht

Kilometer auf Kilometer
und wenn man dann *Durst* sagt
wundert man sich unterm Strich
nicht schon ein Wort zuvor

Durst gesagt zu haben. Man hat
kein Auge zugetan und keinen Gedanken
fortziehen lassen. Nachts ist man wach

und tagsüber müde. Man hat gelernt
den Koffer wie im Schlaf

wie einen Koffer voller Schnee zu tragen.

neun

Über den Wolken liest man den Sport-
liest man den Reiseteil. Nahe bei Gott
wo einen die Stewardess
in Geschenkpapier taucht. Nein
man glaubt nicht an Gott, obwohl

man sich vor ihm fürchtet. Gott
schimmert in den ortsüblichen Farben
die hier ansässig sind. Vielleicht ist man
auch länger her, als man denkt. Dann

hieße man Jozéf Teodor Konrad
Korzeniowski und würde
flussaufwärts bis ins Herz der Finsternis

dringen. Man schriebe: *Ringsum und über uns
großes Schweigen.* Später, der Engländer

würde in Canterbury begraben.

acht

Selbst in den armseligsten Hütten
wird täglich Wäsche gewaschen, wie man
am Flatterzaun erkennt. Hinter dem Flatterzaun
beginnt der Ozean. Man heißt nicht
Jozéf Teodor Konrad Korzeniowski

und mag nicht bis ins Herz
der Finsternis dringen. Auf dieser Reise
lernt man Leute kennen
die sind gut gemeint. Man spürt

die Pulloverstromschläge
(wenn man wem die Hand reicht)
oder singt sich ein Luftloch

in die künstlich klein, künstlich dumm
gehaltne Kabine. Auf einem Hotelschiff

einem urlaubsbetriebenen Dampfer

sieben

trifft man Emma und Wilbert
aus Amsterdam. Sie streiten
ohne zu reden und reden
miteinander wie zwei, die sich schon oft
gestritten haben. Sie werden

bei überirdischem Sex
sich zum hundertsten Mal
versöhnen. Er ist der Beschützer
seiner Beschützerin und der Verehrer

seiner Verehrerin. Sie ist fast noch ein Mädchen
und möchte zu den Termitenhügeln
von Urami Lasa. Er will

partout nicht. Zwar möchte er ihr
jeden Wunsch erfüllen, doch

mit den Termitenhügeln kann man ihn jagen.

sechs

Mit dieser Hitze
kann man jeden jagen. Im Strandrestaurant
sind die besten Plätze vergeben. Viele Gäste
sind schläfrig, und manche
müssen vorsichtig sein. Infarktveteranen

sind Infarktkandidaten. Bei stillstehender Sonne
dämmert man neuen Reisezielen entgegen
oder lauscht einem Song
von Leonard Cohen: *The maestro says*

it's Mozart, but it sounds
like bubble gum. Vom Musikantenknochen
hoch zum Schmerzzentrum. Die Hitze ... ist Gift

für das Strandrestaurant. Wenn das Wasser
schon trüb aus der Leitung kommt

werden die Gläser nicht sauber.

fünf

Schlingpflanzennässe, Schlingpflanzenschmerz
Luftfeuchtigkeit hundert Prozent.
Vollpension, Gelbfieber, Dollarkurs
Herr Pagler aus Düsseldorf schlemmt
Ananas, während Frau Kobe aus Tokio

ratlos von einem
zum nächsten rennt: Akira, ihr allen
ans Herz gewachsener Junge (er spricht
mit niedlich vorlauter Zunge), hat gestern

auf der Urwaldtour
Mouyou, sein Plüschkuscheltierkätzchen
auf einem Stein, unter einer Stechpalme

liegenlassen. Akira flennt
Herr Pagler aus Düsseldorf

fragt, wo es denn brennt

vier

bis Thuki, hiesiger Kellner
und Swimmingpoolchef
im Flüsterton einen Freundschaftspreis
nennt: *Sixty-six cash, but no*
traveller's cheque, and I will bring you

this little cat back. Yes, abgemacht
Thuki läuft los in die stockdunkle
tropische Nacht
und kehrt vier Stunden später

zwar mit blutigem Hemd
aber ein Plüschtier im Arm
zurück ins Hotel, wo alles schon pennt

bis auf ein Mosquito, das im Spinnennetz
überm Schlüsselbrett

seinen letzten Kampf ... kämpft.

drei

Man kann das Spinnennetz
als Souvenir mitnehmen. Vorsichtig
abpflücken, falten und im Taschentuch
verstaun. Reisen
ist Zeitverschiebung, ist die Hoffnung

auf den Fensterplatz. Man möchte
alles glauben, was man sieht. Man sieht
lammfromme Berge
und zurückgespulte Dörfer. Sieht warme Farben

in ein grelles Licht getaucht. Wer weiß
was von dem Spinnennetz
am Ende übrig bleibt: vergilbter Schmutz

ein Hauch Besänftigung, ein wenig
Feuchtigkeit. Ein Souvenir

ist etwas, das die Reise späterhin bezeugt.

zwei

Es heißt, ein gutes Feuerzeug
schafft tausend Zigaretten. Man hat keinen Plan.
Man kennt schon den Unterschied
zwischen lebensgefährlichen Stichen
und harmlosen Bissen. Man darf die Kopfschmerzen

am Abend um Himmels willen
nicht falsch verstehn. Man ist auf der Reise
von Zittern nach Stottern. Man ist wütend
nein, träge auf alles. Auf der Terrasse

am Fuße des Sonnenschirms
findet man ein von sonstwem vergessenes
Magazin. Man muss

das Kreuzworträtsel auf die Zeit
verteilen, und wenn man dann

dreizehn senkrecht, king of the ocean: *shark*

eins

einträgt, wundert man sich unterm Strich
nicht erst vier Tage später
in einem stickigen Überlandbus
shark eingetragen zu haben. Man ist
schwer von Begriff und leicht

und frei von Erinnerung. Man ist
so unromantisch. Wie im Reiseführer empfohlen
zahlt man ein Trinkgeld
von zwanzig Prozent. Gestern

hat man ein paar Muscheln gesammelt
die man heute in den Papierkorb wirft. Morgen
wird man weiterfahren

zum Owoni-River. Dort soll es Blumen
geben mit stromfressenden, also

mit zeitraubenden Blüten.

null

Es gibt einen Ort
da ist man verloren. Da muss man die friedlich
im Schlaf gestorbenen Palmen, die Strände
und die Ureinwohner, die Muscheln
und die Sonnensegel

mit einer Art Wahrheit ausstatten. Das ist nun
ein neuer Aspekt. Man spart
am Gepäck, das Schwere
wird leichter auf dem Weg

nach X, Y oder Z. Lieber
als das Pärchen aus Amsterdam
träfe man Nelson, Barclay und Less. (Von Less

gibt es nicht mal ein Foto. Und die Beschreibung
– wie er ungefähr aussieht –

passt hier auf jeden.)

eins

Bald nimmt man einen billigen Flug
in eine billige Gegend. Brandrodungen
unter einem, Savannen, Dschungel
und Immergrün, Immerfern
– man annulliert die Wälder

gegen unendlich, den Kondensstreifen
gegen den Regenbogen. Man isst als Hauptgericht
nur ein Dessert. Was man nicht wusste: Wer
mit niemandem redet

redet dafür um so mehr. Man möchte alles
und doch nichts für sich behalten. Das sind die Regeln
die man selbst aufstellt. Das sind die Bilder

die man nie vergisst. Man folgt, wo man
auch hinkommt, dem Instinkt

das muss man sehen. Und man sieht

zwei

verfallene Häuser
in verfallenden Städten. Durch solche Städte
kann man nicht flanieren. Man sieht
die Attrappe
einer Landesfahne, sieht Kolonial-

friedhöfe, Grabsteine: Totensegel
im Empire-Stil. Man möchte
weder in dieser Stadt noch sonst irgendwo
die Münze

in den Brunnen werfen. Man muss die Leere
im Herzen zum Reichtum
seiner Sprache machen. Das ist der Fluch

niedriger Breitengrade. Man möchte
bester Freund sein

mit einem Köter, einem Reiskorn, einer Alge.

drei

In manchen Orten
wird man schon erwartet. Die Leute
magern auf Kommando
ab. Man hat sich einen Splitter
im Hotel hat man sich eine Wimper

eingetreten. Die Wimper wandert
und die Wunde puckert. Man hat sich die Reise
weder so noch so vorgestellt. Man reist
weil man des Reisens

überdrüssig ist. Um zu verweilen
unter ferner liefen. In den Muscheln am Strand
altert eine feierliche Musik. Die Buchstaben

in den markierten Feldern
ergeben am Ende

das Hauptlösungswort.

vier

Gibt es Beispiele, gibt es
Beweise. Ja und nein, später vielleicht
eine schlecht verheilte Wunde
und was man sich antut. Ausharren
bis in die Frühe

... ums andere Mal: Rauchfäden
Barbetrieb, Jukebox. Ein Lied
aus dem Halbschlaf
zurück in den Halbschlaf. Die Stühle

der Spiegel, die Frau
mit dem Schlüssel. Klopfen von Stein
auf Metall hinter Glas. Der Singsang

die Reise und die Reise-
beschreibung. Immer die Nacht

durch. Man übersteht das. Hundert Pro.

fünf

Expeditionen, Dschungelfahrten: Man sieht nun
mit eigenen Augen und mit den Augen
derer, die hier vorher waren. Die urwald-
tauglichen Stiefel
hat man geleast. Man kann sich die härteste Tour

in Hunger und Durst einteilen
und spürt noch einen Muskelkater
vom letzten Langstreckenflug. Der Schmerz
lässt nach, die Zeit

hält an; drei mal kurz
drei mal lang und drei mal
hat man den immergleichen Gedanken

im Mund umgedreht. Blutbahnen
kreuzen Atemwege, kreuzen Hektare

grüner Erde und Steine. Egal

sechs

was das heißt, es ist nicht gelogen. Ein bisschen Fieber
hat man hier immer. Ein bisschen Fieber
kontrolliert man
mit ein bisschen Alkohol. Ein Bild
wird in die Bilder geschoben, so

als wollte man sagen: In diesem Licht
gerät ein jeder Marsch
zu einem letzten Marsch. Acht Meilen
durch das Dickicht

kosten zwei Tage, und der Tisch ist gedeckt
mit einem längst überfälligen
schwer erziehbaren

Wetter. Auf langen Wanderungen
unter Palmen. Ach

Korzeniowski. Was aus den Blüten fällt

sieben

bleibt in den Blättern hängen. In den Zweigen
eine aus Licht
und Glanz gewaschene Welle, Uniform-
reste, unbezähmbarer Filz, und man entdeckt
eine zur Libnisse

erstarrte Horelle. Man atmet und staunt
in Etappen. Die Uhr
die man am Handgelenk trägt
schmilzt in der Sonne. Von den sieben Funktionen

funktionieren noch vier. Was braucht man
den Wecker. Bald
wird sich alles verschieben

wie auf schlingerndem Grund
gegenüber. Man dringt

ins Epizentrum dieser Stunde

acht

– aber keine Gefahr: Die Ureinwohner
haben dem Jaguar
eine Alarmschnur
durch den Oberkiefer gezogen. Man fühlt sich gut
wie lange nicht mehr. Man hat die Stiefel

einmal umgeschlagen, dass man
das Futter sieht, den Riss, die ganze
Geschichte. Immer
an derselben Biegung, bis das Datum

ganz dünn wird. Man muss im Dschungel
bei der Gruppe bleiben und hätte
nicht übel Lust

allein durch die Nacht
zu irren. (Aber ein Träumender

der erwacht, verliert seinen Faden.)

neun

Vielleicht weiß man schon gar nicht mehr
wo man ist. Alles bezieht sich so ähnlich
auf etwas anderes. Elf waagerecht
eine leichtere Krankheit
verstaut man im Handgepäck. Man hört

jemanden sagen, dass ein Surfbrett
von unten wie ein Robbenjunges
aussieht. Das muss man sich
merken. Alles geht nun irgendwie über

in etwas anderes. Man benutzt
eine Creme mit dem Sonnenschutzfaktor
vierundzwanzig. Es ist heiß. Man trägt

ein Paar ausgeleierte Adidas
und man ahnt, der Senkel im linken Schuh

wird über kurz oder lang reißen.

zehn

Und in der Stunde
zwischen Dämmerung und Flut
steht man am Hafen. Sieht
einem Schiff nach, bis es
kaum noch zu sehn ist, einem

der war zuerst da, melde-, melodie-
pflichtigen Tropfen, dessen Leib
dessen Kopf
weniger schwingt, vielmehr

vereitelt – kleiner als
was einem entgegentreibt, wenn man
am Hafen steht: Ein Schiff

(ein anderes), vom Horizont
sich löst; löst und

los-eist.

neun

Man hat ein grünes Auge
und ein graues, ein Herz
und keines mehr ... um zu beschreiben:
Wie hier die Zeit vergeht. Die Reise
zieht sich. Der Kopf, den man

benutzt, braucht eine Reihenfolge. Der Körper
den man triezt, sucht Schlaf. Die Hose
die man trägt, fällt immer noch
nach all den Wanderungen (Dreck

und Schweiß) in einer sanften
Bügelfalte. Man muss sich wundern
weil man sonst

verreckt. Gedichte oder Abenteuer
sagt man, entstehen

von ihrem Ende her.

acht

Zu einer unchristlichen Uhrzeit
wird man wach. Man möchte
siebzehn senkrecht: *seltenes Natur-*
schauspiel nicht verpassen. Man hat gelernt
den Koffer wie im Schlaf

wie einen Koffer voller Schnee
zu packen. Man steigt auf eine Wanderdüne.
Trinkwasser ist das wichtigste, Worte
sind knapp. Verloren im Augenblick

im Funkloch und auf der Reiseroute. Man
wähnt sich glücklich und wie
schaumgeboren. Das Woher und Wohin

kann man dem Zufall
überlassen. Die Strände leuchten, und morgen

ist auch noch ein Tag.

sieben

Man darf von sich
nicht auf die anderen schließen. Viele
die hier unterwegs sind, erhoffen
was man selber als Drohung empfindet. Sie wollen
Reisende treffen, denen das gleiche

passiert ist wie ihnen. Es passiert
eher wenig. Überall
herrscht eine Ödnis. Eine Hitze
bis zum Papierstau und darüber

hinaus. Man spürt, wie etwas neben der Naht
neben der Nacht
reißt. Richtig ist

– aber richtig ist auch: In dieser Ödnis
braucht man eine Aufgabe. Man kann

die Herzen großer Echsen essen

sechs

und kann sich den Angstschweiß
wieder abgewöhnen. Man kann
Telefonnummern auf durchnässten
Geldscheinen notieren. Auch kann man
einzuschlafen versuchen

bevor die im Nebenzimmer
beginnen zu vögeln. Man kann
sich selbst zusammenstreichen
auf zwei Glas Wasser pro Tag. Man kann hinken

beim Fahrradfahren, beim Schwimmen
oder beim Reden. Man kann die Palme
vor dem Hotel umarmen

und sich dann, wenn der Wind
in die Palme hineinfährt, wie ein Tänzer

mit seiner Tänzerin wiegen.

fünf

In der Summe
sind es schöne Summanden, also Plusgeschöpfe
in der trostlosen Landschaft. Während der Wind
die Polster von den Liegestühlen
wedelt, ist man

auf vielen Kontinenten zugleich. Die Unterschrift
die man da und dort leistet, sieht
jedes Mal anders aus. Man fühlt sich
wie ein Kolonialherr

ohne Kolonien. Man fühlt sich wie ein Käptn
ohne Crew. Man möchte
dass einen die Einheimischen

mögen. Es reicht schon
eine Geste. Denn mit den Einheimischen

reden ... möchte man nicht unbedingt.

vier

Man hat gelernt
am Rauchmelder vorbei
rasch eine durchzuziehn. Die Tropen sind der Ort, zunächst
später die Zeit. Man ist nur noch Gedanke
Haut und Knochen, und man ahnt

was nicht im Kreuzworträtsel
oder in den Augen des Servicepersonals
steht, steht im internationalen
Impfausweis. Man wohnt im billigsten Hotel

zum Special-Preis. Es kann nur besser
also leiser werden. Man träumt
Geräusche, die den Schlaf

begleiten. Ein hoher Ton
wird lauter, weil er näherrückt. Man ist

gewarnt. Der Ventilator läuft auf Stufe eins.

drei

Man treibt
auf einen leuchtenden Punkt zu
der sich seinerseits entfernt. Schade
dass sich die Breitengrade
nirgends kreuzen. Das wär der Ort

an dem man länger bliebe. Aus blauen Bodenschätzen
wüchsen zarte Flammen. Man würde Feste
feiern und sich kleiden
wie Barclay, Nelson und Less in sternen-

durchflutete Weltraumkostüme. Man setzte
in der größten Bedrängnis
ein mitleidiges Lächeln auf. Die Gedanken

wären immer woanders. Zwischen all den Touristen
erstrahlte so was wie ein Schicksal

– und man wäre in diesem Schicksal zuhaus.

zwei

Erschrecken kann man kaum spielen, Ertrinken
nicht eben ausprobieren. Es ist an der Zeit
einmal wieder die Haare
schneiden zu lassen. Man ist zärtlich
gegen alles und jeden. Auf dem zweiten Grad

südlicher Breite feiert man seinen sieben-
unddreißigsten Geburtstag. Man bestellt
einen Drink in der Strandbar *Esmeralda.* Die Frauen
und Männer am Nebentisch kennt man

vom Sehen. Sie grüßen zurück. An einem Geburtstag
ohne Gäste gibt es keine Geschenke. Es bleibt
das Kreuzworträtsel, bleiben Blitze

die im Meer einschlagen. Man sitzt
in der Bar und man raucht

jede Zigarette in genau fünfzehn Zügen.

eins (Voodoo)

Alles, was man vergessen hat
indem man ein Kopfnicken später
der Erde einen wer-weiß-was
vermacht, mag nun hier Wurzeln
schlagen zwischen Dschungel und Bar

... bis hin zu Gott – dem Gott
dieser Gegend: Der braucht
keine Erinnerung, denn was er denkt, geschieht
in dem Augenblick, in dem

er's denkt, und dächt
er Vergangenes, wär es
das hochwohlgeborene, von allen

bis zur puren Verzweiflung
beschriebene, knallig getigerte

Hier & Jetzt.

null

Vor dem Hotel
landet ein Partyhubschrauber. Man hört
schon von weitem, dass die linke Box
etwas dumpf klingt. Die linke Box
müsste mal ausgetauscht werden. Der DJ

setzt aus den Schultern
soeben zum Sprung an. Der klassische Popsong
ist drei Minuten neunzehn Sekunden lang. Er dauert
und dauert. Man raucht die hiesigen Zigaretten

die kurz vor dem Filter
nach Salzwasser schmecken. Man spricht in kurzen
überschaubaren Sätzen. Nichts

hält einen ab. Auf der Straße
unter den Sternen

kochen die Ureinwohner für die Touristen.

eins

Es hat sich als richtig erwiesen
das Zeug mit dem auch zu rauchen
von dem man es kauft. Eine Art Knöterich
die hier am Wegrand wächst
– die hier gedeiht. Knoten

und Knöterich, der sich rumspricht
und der sich verzweigt. Als Muntermacher
auf der Reiseroute
in der Bar *Esmeralda*. Dass man meint

ausatmen zu müssen, zu trinken
ehe man sich ins Gästebuch schreibt. Man trinkt
einen landestypischen Cocktail

und sieht die Dinge
reichlich verschwommen. Man sieht zum Beispiel

einen Wildwechsel ohne Wald.

zwei

Mit
einem
Wolkenbruch
beginnt
die

Regenzeit.
Ein
Trupp
von

Ureinwohnern
schleppt
das

Reiskorn
ins

Salz.

drei

Ungezählt auch die Fälle
da man den Ureinwohner (in seiner Eigenschaft als)
Ureinwohner goutiert. Da man das Lapidare
ganz lapidar ausdrückt. Man kehrt zurück
im Traum – und kommt voran

in Echtzeit auf der Reiseroute. Unlösbaren Rätseln
begegnet man mit Musik. Man ist ein Grübler
der den Stift so fest
auf das Blatt setzt, dass die Spitze

abbricht. Man ist mit den Augen
zu nah bei den Zeilen. Auf Reisen
trifft man allerlei Leute

die es einen Ort weiter
siebenmal größer gibt. Was auch passiert

– verängstigen lässt man sich nicht.

vier

Man geht zum Frühstück
gleich in Regensachen
und hört ein Klappern vom Büffet.
Die Tage, die noch übrig bleiben
will man verbringen

auf langen Wanderungen
an der Küste. Den Dschungel
hat man abgehakt. Man ist ein Dünenbummler
und man bleibt für sich. Was man erlebt

sind ausführliche Phasen
vergeblichen Glücks. Man schreibt: *Morgens
schon überall Betrieb. Auf der Terrasse*

Leute aus Kanada. Zwei Urlaubskinder
schreibt man, *spielen Ritter: Sonnenschirm (aufgeklappt)*

ist Schild, Sonnenschirm (zugeklappt)

fünf

ist Schwert. Man schreibt
obwohl die Kräfte
langsam schwinden. Man hat's im Blut: Zuhause
wird es dieser Tage schneien. Die Welt
schmeckt anders, wenn die Flocken

in der Luft, im frühen Licht
vorübertreiben. Ein und dasselbe Stück Zeit
vergeht am Pool, zunächst
später im Krankenbett. Man ist ein Tage-

was, ein Kilometerlöhner
der vorwärts kommt, indem er
rückwärts zählt: Die letzte Strophe

hat nur eine Zeile. Die letzte Zeile
braucht man, um zu sagen

was in dem Koffer ist. Schnee – eine eiserne

sechs

Reserve Heimat und Trost. Klopft Thuki
und bringt frisches Wasser. (Im ersten Stadium
will man nur noch trinken.) Auf Reisen
krank sein ist wie Urlaub
von der Welt. Klopft Thuki

und bringt bunte Flammen. Duftkerzen-
götter nebeln zu den Sternen. (Ist doch nur gut
gemeint.) Man trägt
ein schmuddeliges weißes Shirt

und folgt den Bildern, die der Kopf
absondert. Hauptsache dass
es schneit. Denn jede siebte

Flocke ist eine schöne. Im letzten Stadium
Halluzinationen: die Wanderdüne

und die Plusgeschöpfe; ein paar

sieben

von vielen an der Zahl. Man starrt aufs Kreuzworträtsel
mit den Augen
eines Fremden: Noch nie gesehn. Man ist
schon abgereist. Bald
wird man nur noch beruhigt

und nicht mehr geheilt. Man möchte
im selben Moment
einschlafen wie draußen die Palmen, die das Licht
zerstreun in alle Winde. Thuki

ist die letzte Verbindung
zur Außenwelt. Gott segne Thuki. Es ist so kalt
bei sechzehn waagerecht, bei dreißig Grad

im Schatten. Wer immer hier anruft
wird zur Wand durchgestellt. Klingle, Telefon

klingle. Blow, wind, blow. Aber dann

acht

unternahm ich die ganze Reise
noch einmal. Nicht ich
war verschwunden, verschwunden
waren die Orte, die zwischen den Orten
liegende Zeit. Es ging mir nicht gut

bis in den Schlaf hinein. Ich träumte
(wenn ich denn träumte) weder in Bildern
noch in Wörtern, noch in Geräuschen. Ich träumte
– also doch, in Sekunden, die sich

umeinander verschoben. Ich hörte
meinen Namen
in der Landessprache. Sah eine Ziffer

die es bloß in der Mehrzahl gab. In den Palmenkübeln
in den Blumentöpfen

war die Erde gerissen. Ich stellte

neun

was von mir übrig war, in den Lift
und nahm selber die Treppe. Jede Etage
hatte eine andere Farbe. Lag es daran
dass ich berauscht war? Dass die Zeit
die Wunden nicht heilt, sondern weiter

und weiter aufreißt. Von den Haar-
von den Blattspitzen her
begann der Verfall. Vielleicht lag es daran
oder vielleicht lag es daran. Dass ich mich fragte

ob ich oder ob nicht. Ich legte einen Kompass
auf das Kreuzworträtsel. Die Nadel
streifte ein Blindfeld. An dieser Stelle

brach die Wunde wieder auf
und der Reisende

erreichte an dieser Stelle

zehn

den Nullmeridian. So hatte es
angefangen. Mit einer Wanderdüne
einem Kreuzworträtsel, einer Flocke
und einem Nullmeridian. Auspacken
Umkleiden, Wandern, Staunen

– halt das ganze Programm. Man musste
nur mehr vergessen
als man sich merken kann. Der Reisende
merkte sich kaum was. Sein Koffer

war alt und hatte solche altertümlich
verschnörkelten Schlösser
die mit einem *Klick*

aufspringen. Aber noch eine Reise
würde der Koffer

nicht überstehen. Noch einen Umweg

neun

würden die Wanderdünen
und die Plusgeschöpfe
auch gar nicht verkraften. Ich
für meinen Teil, wollte den Reisenden
zwischen stromfressenden Blüten

in einer Staubwolke
auf dem Nullmeridian
beim Zählen der Tage
am Swimmingpool oder beim Rauchen

in der Bar *Esmeralda*
– ich meine, ich wollte diesen Reisenden
wieder zu Kräften kommen lassen, um ihn

auf die Reise zu schicken; denn wer einmal
gereist ist, wird immerfort reisen, ja

reisen müssen. Der Frühling

acht

hatte begonnen, und die Bäume
trieben frische, grüne Propeller. Es war ein Mittwoch
an dem ich später
als gewöhnlich nach Haus kam. Das Telefon
klingelte. Ich hatte erstens

einen Aussetzer. Alles bezog sich so ähnlich
auf etwas anderes. Ich war der Alleinreisende
dem niemand den Rücken eincremt. Auf meinem Bett
lag ein Koffer. Darin ein T-Shirt und ein

im Taschentuch mitgewaschenes
Spinnennetz. Ich verfütterte ein paar Muscheln
an den Papierkorb. Es roch

nach einer Schlaftablette. Für einen
wie mich, der früh aufstehen muss

war es schon spät.

sieben

Auch in den nächsten Tagen
bleibt es trocken und warm. Im Radio
läuft manchmal der Wetterbericht, aber meistens
spielen sie eine Lieblingsmusik. Zweitens
kann Barclay unser Raumschiff

reparieren. Emma aus Amsterdam
findet das gar nicht gut. Less
destabilisiert haarfeine Röhren
auf Molekularebene. Welch ohren-

betäubender Lärm, wenn die Rakete
von dieser Milchstraßenbaustelle
zu jener umzieht. Vielleicht

in die Karl-Liebknecht-Allee, wo ein Junge
wartet und wartet, ehe er merkt

dass er an einer Drück-Ampel steht. Wenn wir jetzt

sechs

auch noch Nelson befreien, ist die Crew
wieder komplett. Beim ersten Befreiungsversuch
wird das Triebwerk beschädigt. Wir landen
auf einer Sportanlage. Die Überschall-
kastanien blühn. Déjàvu

ist zwar ein edles Parfüm, aber
es gibt viel zu entdecken. Es gibt Fenster, so groß
dass Türen durchpassen. Wir schrauben
uns Stollen in die Schuhe und trappeln

rüber zum Fußballplatz. Less
schießt mit verbundenen Augen
einen Elfmeter. Ich könnte halten

aber Less ist mein Freund
und Less ist sehr krank. Seine Tage

sind anders gezählt

fünf

als meine. Für die Tropentouristen
bin ich verschwunden, für mich
und meine Crew
bin ich mehr als das. Wir fliegen mitten hinein
in ein Folgesystem. Unser Segel: ein Haar

unser Anker ein Stein mit den Initialen
der Erde. Ich schenke meinem Freund Less
einen Gitarrenschnellhefter
mit Grifftabellen

für Songs von Leonard Cohen. In der nächsten
Episode kehrt nun Nelson zurück
als ein völlig gestörter, fremder Less

der denen schaden will, die einst
seine Gefährten waren. Das bedeutet

Alarm. Das ganze Raumschiff

vier

wird zum Blitzableiter. Wir wechseln ins Auto
und machen die dritte Spur auf. Ich
habe mir lange nicht
die Haare schneiden lassen. Less sagt
mir wachsen schon Löckchen. All meine Reisen

verschwimmen zu einer. Less
spielt den Mann mit dem Koffer, ich
spiele mich, Barclay
mimt Nelson. Am besten

ich richte meine Taschenlampe
auf den, der gerade spricht. Die anderen
sind dann leise. Unser Gelingen

hängt von solchen Details ab. Wir müssen
in Bewegung bleiben. From zero

to hero. In einer Welt

drei

•

die so wäre wie unsre
außer dass sie dieselbe ist. Less
wühlt im Membranflaum, Nelson
ascht in die Kerze. Gescheit, wie er ist, lernt er an ein
und demselben Tag

Radfahren, Beamen
und Rauchen. Eine Gravitonenschere
wird uns zerstören, wenn wir nicht
aus der Verzerrung finden. Wir wandern

zum Tanz in den Mai
und verprassen bei der Dorftombola
eine abenteuerliche Summe. Manche Leute

gehen schon baden. Ein Paddelboot
kreuzt einen Schwan. Schade

dass wir unsere Raumfahrtanzüge

zwei

nicht ablegen dürfen. Aber das Licht
wäre ein Killer für unsere Sterndeuteradern. Less
kennt das spezielle Gewicht
von Gras, Sonne und Wasser. Barclay
mietet einen Bungalow

neben dem Feuerlöschteich. Offiziell
bleiben wir ewig
und drei Tage hier. Inoffiziell
weiß ich als einziger

wie man die Warpmechanik auslöst. Offiziell
bin ich am Meer, in einem Hotel
und soll die Zimmerhandtücher

nicht an den Strand mitnehmen. Inoffiziell
werd ich zum Ende hin

doch noch romantisch. Eine Staubwolke

eins

hüllt mich ein, trägt mich fort
bis nach X, wo der Weizen heranwächst
wie bei Y der Reis. Ich schaffe
zig Meilen pro Stunde
pro dunkel sich unter mir

schließender Felder. Wie zum Beweis
dass der Mond scheint
scheint der Mond. Ich lege die Staubwolke
zu meinem Spinnennetz. Es wäre schön

wenn von den Dingen
die mir lieb geworden
etwas übrig bleibt: Vergilbter

Schmutz, ein Hauch Besänftigung
ein wenig Trockenheit. Ein Souvenir

ist etwas, das die Reise späterhin verfälscht.

null

Meine Gefährten
sprechen noch oft von mir: Wie ich sie
auf den Sportplatz geführt habe. Die Sache
mit dem Elfmeter. Die Episode
um den Gitarrenschnellhefter. Less' dunkler Teint

zeigt eine Spur von melancholischer Blässe. Barclay
zählt an solchen Frühlingstagen
die ersten zwanzig Sonnenstrahlen
am Morgen. Nelson

deckt den Tisch. From hero
to zero. Verloren im Augenblick
und auf der Reiseroute. Less, Barclay und Nelson

ziehen dann weiter. Es ist warm. Die Wochen vergehen
ohne dass jemals ein Ort

oder ein Datum durchsickert –

UP

Inhalt

DOWN

UP

DOWN

UP

DOWN

Anmerkungen

Zitiert werden:

Seite 12
»Die üblichen Verdächtigen« (amerikanischer Spielfilm)

Seite 12 und 27
Joseph Conrad (Jozéf Teodor Konrad Korzeniowski)

Seite 15
Leonard Cohen

Seite 40
Jan Kuhlbrodt

Seite 54
Paul Ruditis (»Star Trek Voyager«)

Seite 58
Michel Foucault

Dank

Der Autor dankt der Kulturstiftung des Freistaates Sachsen, die die Arbeit an diesem Buch mit einem Stipendium unterstützt hat.

© 2007 Mitteldeutscher Verlag GmbH, Halle
Printed in the EU
Alle Rechte vorbehalten
Gestaltung: behnelux gestaltung, Halle
Satz: Mitteldeutscher Verlag GmbH

ISBN 978-3-89812-432-4
www.mitteldeutscherverlag.de